AF497796

CATALOGUE

D'ESTAMPES

HISTORIQUES ET TOPOGRAPHIQUES

SUR LES

PROVINCES DE FRANCE

PROVENANT

De M. L. B..... R.

Portraits — Vues — Plans — Cartes

DESSINÉS, GRAVÉS ET LITHOGRAPHIÉS

Dont la vente aura lieu

HOTEL DES COMMISSAIRES-PRISEURS

RUE DROUOT, 9, SALLE N° 4

Le Vendredi 2 Juin 1882

A DEUX HEURES

M° BOULLAND	M. Henri MENU
COMMIS^{re}-PRISEUR	MARCHAND D'ESTAMPES
Rue des Petits-Champs, 26	Rue Jacob, n° 30

PARIS — 1882

CONDITIONS DE LA VENTE

———

Elle sera faite au comptant.

Les Acquéreurs paieront CINQ POUR CENT en sus des enchères, applicables aux frais.

M. HENRI MENU, dirigeant la vente, se charge des ordres des Amateurs, moyennant une commission de SIX POUR CENT.

Le règlement de la vente a lieu, par une traite postale, dans la quinzaine qui suit l'expédition des numéros commissionnés, sans autre avis.

DÉSIGNATION

NORMANDIE, BRETAGNE ET POITOU

1 **Normandie**. Portrait de Huet, par Moreau. — Suite d'eaux-fortes avant la lettre. — La Gargouille. — Briquebec. — Jumièges, Fécamp, etc. Lot de 28 planches.

2 **Rouen**. Plan à vol d'oiseau, avec armoiries, costumes et 35 indications des monuments au bas de la planche, à droite (xvie siècle). Double in-fol. en larg.

3 **Rouen**. Intérieur de la bibliothèque (eaux-fortes). — Vues de la cathédrale, de Saint-Maclou et divers. — Barricade Saint-Julien (1848), etc. Lot de 22 planches.

4 — Vue de Saint-Ouen, prise du jardin des Plantes. In-fol. colorié.

5 — Veue du grand portail de l'Eglise cathédrale. Grand in-fol. en haut.

6 — Vue panoramique (xvie siècle), par Hoefnagle. In-fol. en larg.

7 **Incourt** (Amoiries de P. Le Clerc, seigneur d') en Vexin, par Nolin. In-fol.

8 **Ernouf** (d'Alençon). Lieutenant général. Lith. in-4.

9 **Ameline**, médecin à Caen, par Maurin. Lith. in-fol.

10 **Roche-Aymon** (Ch. A. de La), abbé de Fécamp, archev. de Reims, par Patas. In-4.

11 **Le Danois** (lieutenant au baillage d'Orbec et Bernay), par Quenedey. Rare portr, in-12.

12 **Soligny**. La Trappe. — Visites des souverains. — Mort de Rancé. — Vies des religieux, etc., par Basset. 8 planches in-fol.

13 **Durand**, ministre protestant (d'Alençon), par Lardy. In-4.

14 **Carrel**. Géricault, Bailleul. — Portraits-Médaillons de David d'Angers. 3 planches in-4.

15 **Sebron**, peintre (de Caudebec), 1837. Rare lith. in-fol.

16 **La Tour d'Auvergne** (H. de). Comte d'Evreux, gouv. d'Auvergne, Chambellan, par Patas. In-4.

17 **Pelouze**, chimiste célèbre (de Valognes), d'après Maurin. Lith. in-fol.

18 **Bréauté** (De). Gentilhomme chargeant les Hollandais le 4 février 1600, par B. Picard. Est. in-fol. avant la lettre, en larg.

19 **Allix**, lieutenant général (de **Percy**, Manche). In-4.

20 **Du Perron** (évêque d'Evreux, arch. de Sens). In-fol.

21 **Vernonnet** en Normandie, par Weirotter. Grand in-fol. en larg.

22 **Saint-Valéry-en-Caux**, par Laudth. In-fol. Notice sur le port, par Renaud, 1874. In-4.

23 **Baudrand**, prieur de Neufmarché (en Normandie), gravé en 1699, par Crespy. In-fol.

24 **Lhermitte**, amiral français (de Coutances), gravé en manière noire (par Quenedey). Rare portrait in-12.

25 **Gisors** (Ecusson de J. De la Boissière, seign. de La Grange de). In-fol.

26 **Eure**. Vues de Gisors. Les Andelys, château Gaillard, Beaumontel, Le Mesnil, etc. Portraits de Rotrou Vernejus, etc. Lot de 16 planches.

27 **Dreux**. Vray pourtraict de la bataille donnée par M. de Guyse devant Dreux. (Charges de Dreux à Mereville.) Double in-fol. en haut.

28 **Lambesc** (Ch. de) duc d'Elbeuf, par Patas. In-4.

29 **Dieppe**. Vues diverses, Honfleur, Arques, Daubermesnil, député, etc. Lot de 10 planches.

30 **Cherbourg**. Vues de la Rade et de la Vigie. — Tempête du 11 janvier 1866. —Dessins de J. Fleury. — 2 planches in-fol. en larg.

31 **Martinvast** (Notice sur), près Cherbourg, par le comte Du Moncel, 1845. In-fol., 12 planches.

32 **Blainville** (Eure). Choc des armées protestantes et catholiques, 19 décembre 1562. 3 est. allemandes du temps. In-4.

33 **Arques**. Château ruiné. Estampe in-fol. coloriée avant la lettre.

34 **Arques**. Défaites des ligueurs, par Henri IV, par Basan, d'ap. Parrocel. In-fol. en larg.

35 **Dourdan** (Plan routier de la forêt de), 1815. Grand in-fol., manuscrit en haut.

36 **Calvados**. Vues diverses de Caen, Lisieux, Vauxelles, Sousmont, etc. 16 planches.

37 **Orne**. Vue d'Alençon, par Benoît et divers. — Portraits de l'affaire La Roncière. — Mortagne, etc. Lot
de 25 planches.

38 **Le Havre**. Bassin et parc de la marine. — Image
populaire du XVIIIe siècle. — Médaille du port. —
Vues diverses. — Eglise de Caudebec et vues, etc.
Lot de 14 planches.

39 **Caudebec** (Une rue de). Gravée à l'eau-forte, par
J. Adeline. In-fol., épreuve sur papier Japon.

40 **Mayenne**. Vues de Chateaugontiers. — Grande rue
de Laval, en 1830. — La Trappe. — Clermont, Mortier Crolles. Portraits, etc. Lot de 13 planches in-
fol.

41 — Wicart, évêque de Laval. — A. Paré. — Guédon,
avocat. 3 planches in-fol.

42 **Laval** (Vue de capucins de), par Audouard. In-4 en
larg.

43 **Chasteauneuf** (Côtes-du-Nord). Ecusson de Ch.
de Laubespine, marquis de Châteauneuf. In-fol.

44 **La Rochefoucault** (J. F. de), comte de Surgères,
par Patas. In-4.

45 **Rennes**. Décoration pour les tragédies du collège
des jésuites, par Moreau. Grand in-fol. en larg.

46 — Hôtel de ville. — Palais de justice, par Chereau.
2 planches in-fol. col.

47 **Coquereau** (de Laval). Aumônier de la frégate qui
ramena en France le cercueil de Napoléon. Lith.
Léveillé. In-fol.

48 **Hua** (de Nantes), magistrat célèbre, par son zèle
contre les prisonniers de 1815. Rare lith. in-fol.

49 **Beaumont** (De), officier (né à Morlaix); original célèbre qui amputé d'une jambe en 1823, lui fit faire un enterrement de première classe. Rare lith. anonyme, in-4.

50 **Sesmaisons** (Cl. de), colonel, député de la Loire. Inf., 1823. Rare lith. anonyme, in-4.

51 **Beaumont** (De), officier breton (né à Morlaix), 1829. In-4.

52 **Jollivet** de Rennes, mort vers 1810, par Quenedey. Rare portrait in-12.

53 **Coetlosquet** (Comte de), lieutenant général (de Morlaix). Lith. Vilain, in-4.

54 **Las-Cases** (de S. Méen), par Staal. Lith. in-fol.

55 **Mulot**, missinnaire, mort en Bretagne à Questemberg, 1749, par Petit. In-4.

56 **Floirac**, préfet du Morbihan. Lith. anonyme, in-fol.

57 **Brest**. Notice sur les ports secondaires de la Rade, par Mengin, 1879. In-4 av. 4 gravures anciennes ajoutées.

58 **Dreux-Brézé** (J. de), gouverneur de Loudun, par Patas. In-4.

59 **Besly**, historien poitevin (de Coulonges-Vendée), par J. Isac, 1647. In-fol.

ILE-DE-FRANCE, ORLÉANAIS

60 **Paris**. Veue de la place des Victoires, par Nolin, 1687. Estampe in-fol. en larg.

61 — Intérieur de l'Ecole d'enseignement mutuel, rue Port-Mahon, 1818. Lith. Lasteyrie. Grand in-fol. en larg.

62 **Molé** (Mathieu), président du Parlement, par Michel Lasne. In-4.

63 **Quesnel**, célèbre théologien. Le Triomphe de l'Eglise sur Quesnel. Caricature du xviie siècle. In-4.

64 — Plan de la rivière de Seine dans Paris (vers 1710). In-fol., manuscrit colorié.

65 **Maupeou** (Le chancelier), par Cathelin. In-4.

66 — Perspective de la porte Saint-Antoine et de la Bastille, par Poilly. In-4 en larg.

67 **Malesherbes** (Lamoignon de), défenseur du roi. Portrait anonyme en manière noire. In-fol.

68 — Cinquantaine et baptême maçonnique célébrés à la loge de la Clémente Amitié, le 20 octobre 1829. Lith. in-fol.

69 **Lottin** (A. Ch.), auteur du *Catalogue des Libraires-Imprimeurs de Paris*, par Chrétien. In-12.

70 — Porte Saint-Denis, par Poilly et Perelle. In-4.

71 **Dauptain** (C. F.), vénérable de la loge de la Douce Union de Paris, le 25 décembre 1780. Portrait-médaillon. In-12.

72 — Procession de la Ligue en 1593. Estampe double in-fol. en larg.

73 **Coligny** (Assassinat de). Estampe d. in-fol. en larg., avant la lettre, manière noire.

74 — Portes Saint-Denis et Saint-Martin, par Poilly et Perelle. 2 planches in-fol.

75 **Bourg la-Reyne**, par Flamen. In-8.

76 **Meudon** (Grotte de), par Chastillon. In-4.

77 **Meudon**. Vues du château, grotte et pièce d'eau, par N. de Poilly. 3 planches in-fol. en larg.

78 **Saint-Clou**. Veue et perspective du chasteau, par Poilly. In-fol. en larg.

79 **Saint-Clou** du costé du jardin, par Poilly et Perelle. In-4 en larg.

80 **Villette**. Première partie du jardin anglais, par Aliamet, d'après Hakert. In-4.

81 **Corbeil**. Faubourg Saint-Léonard, par Flamen. In-8 en larg.

82 **Senemon**. Veue du chasteau (dict Petit Bourg), par Flamen. In-4, taché.

83 — Grand canal de Longuetoise, par Flamen. In-4.

84 — Veue de Longuetoise du costé du chemin de Saint-Hilaire, par Flamen. In-4.

85 **Geoffroy** (J.), prestre, abbé de Saint-Spire, par Duflos. In-12.

86 **Montléri**. Bataille du 14 juillet 1465. — Assemblée du Bien Public, par Aveline, d'ap. Robert. 2 p. in-4.

87 **Quesnay**, économiste, médecin à Mantes, 1767, par François. Curieux portr., in-fol. manière noire.

88 **Lecomte des Graviers**, prisonnier d'Etat sous l'Empire, célèbre par ses procès contre Louis XVIII, par Quenedey. Rare portr., in-12.

89 **Boisgontier** (Guil), curé de Chilly (Seine-et-Oise), par Legrand. In-4.

90 **Marolles** (Claude de) chevalier, seigneur du dit lieu (Seine-et-Oise), 1633, par Montcornet. In-4.

91 **Potier** de Novion, secrétaire d'Etat (président du Parlement de Pontoise pendant la Fronde), par Tardieu, d'après Lesueur. Beau portrait allégorique gr. in-fol.

92 **Orléans** et ses environs, plan topographique, dessiné par Jouvin de Rochefort, vers 1735. Superbe et grande pièce manuscrite coloriée avec le plan d'Orléans, par Beaurain, collé au verso.

93 — Aurelia civitas, grande vue du 16ᵉ siècle, coloriée, double in-fol. en largeur.

94 **Darnaud** (de Briey-Loiret), général, par Jaime. Rare lithog. av. lettre, in-fol.

95 **Orléans**, par Hoefnagle. Vue panoramique du 16ᵉ siècle, gr. in-fol. en larg. Belle épreuve.

96 **Orléans**, corps de garde des Volontaires (1791), par Lebrun. In-fol. en largeur.

97 **Lefèvre** de **Lezeau** (Loiret), historien français, 1676, par Frosne. In-4.

98 **Orléans** (cartes des canaux d'), de Briare et de Loing, gravées par les ordres de S. A. Mgr le duc d'Orléans, par Lattré (18ᵉ siècle). Atlas gr. in-fol. cartonné.

99 **Girodet**, peintre de Montargis. Lithogr. in-fol.

100 **Montargis** (carte des environs de) et de la jonction des canaux de Briare, d'Orléans et de Loing. (par Jouvin de Rochefort). *S. D.* (vers 1730). Jolie pièce manuscrite, coloriée, double in-fol. en larg.

101 **Blois**. Vray portrait de la ville et château (1572). Bois gravé. Vue panoramique, à vol d'oiseau, double in-fol. en larg.

102 Ecusson de S. Chauvel, lieutenant général à Blois. In-fol.

103 — Ruines d'un pont : château près de Blois, par Ragoua et Canali. 2 pl. in-fol. en larg.

104 — Ecusson de J. Charron, gouverneur de Blois. In-fol.

105 **Rostaing** (armes d'alliance du marquis de), 1650,
    par Nolin, in-fol.

106 **Chartres**, portail de la cathédrale, par Moreau.
    In-fol.

107 **Chartres**, Chasteaudun, plans du 16e siècle, à vol
    d'oiseau. In-fol. en larg.

108 **Clausels** de Montals, évêque de Chartres, par Noël.
    Lithog. in-fol.

109 **Marillac** (Michel de), chancelier (mort prisonnier
    à Chateaudun), par Montcornet, in-4.

110 **Courance** (chasteau de), en Gatinois (près Etampes),
    par Israël Sylvestre. In-4 en larg.

111 **Fontainebleau**. Départ de Napoléon, 20 avril 1814,
    par Beyer, d'apr. Reinold, in-fol. en larg.
      Rare estampe coloriée. Napoléon, soutenu par ses aides-de-camp,
    monte en voiture, entouré d'un brillant état-major.

112 **Dujon**, commissaire extraordinaire à Meaux, pen
    -dant la disette en 1816. Rare lithog. anonyme. In-4.

113 **Viviers**, vue par Le Moy. In-fol. en larg.

114 **Le Pelletier de Saint-Fargeau**, assassiné pour
    avoir voté la mort du tyran (1793). In-4.

115 **Bossuet**, gravé en 1723, par Drevet, d'ap. Rigaud,
    gr. in-fol., belle épreuve avec marges.

116 **Thyard de Bissy**, évêque de Meaux, par Kolb,
    In-fol. armorié.

ALSACE-LORRAINE, BOURGOGNE
FRANCHE-COMTÉ, DAUPHINÉ, LYONNAIS

117 **Alsace**, haute et basse, divisée par juridiction. Belle
    Carte manuscrite (18e siècle), d'un mètre de larg.

118 — Carte de l'Alsace et cours du Rhin, avec le plan des places fortes en bordure et portraits des élec- teurs, par Sutter. 3 placards gravés gr. in-fol. plano.

119 Colmar, vu à vol d'oiseau (17e siècle), in-4 en larg.

120 Rohan (A. de) dit le cardinal de Soubise, abbé de Saint-Epvre, Lure et Murback, évêque de Stras- bourg, par Basan. Très rare portrait avant la lettre, épreuve d'essai, in-4.

121 Custines, général de l'armée du Rhin en 1792, des- siné d'ap. nature, par Levacher. Rare portrait, mé- daillon in-18.

122 Strasbourg, plan de la ville, citadelle et forts, (1714). Double gr. in-fol. manuscrit, colorié.

123 — Carte (manuscrite) des deux lacs et du canal de Moers 1786. Gr. plan en larg. colorié.

124 — Plan des fortifications de Strasbourg, des inonda- tions, redoutes, etc. (vers 1715). Très grand plan manuscrit colorié.

126 Laurent, député de Strasbourg à la Convention, par Chrétien, rare portrait in-12.

126 Kellermann (Strasbourgeois), général de l'armée des Alpes (par Villeneuve), joli portrait médaillon, manière noire, in-12.

127 Wissembourg, plan du 16e siècle, à vol d'oiseau, in-4 en larg.

128 Herpin (J. Ch.), agronome (Messin), docteur de Montpellier, par Quenedey, in-8.

129 Metz, plan du XVIe siècle, à vol d'oiseau, in-fol. en larg.

130 Beaufort (Le marquis P. de), à Nancy, lithog. in-fol.

131 Nanci. Bataille du 5 janvier 1477, d'ap. une miniature, par Aveline, d'ap. Robert. In-4.

132 **Senones** (Emblèmes et anagrammes composés par Hub. Balthazar, prêtre de), sur Nicolas Fulcet. (17e siècle). Très curieuse pièce gravée. Iu-fol.

133 **Flabemont** (A. du Châtelet, abbé de) (Meuse), par Ravenet. Portr. in-fol. avec armoiries des alliances.

134 **Saint-Cyr** (Gouvion), maréchal de France (de Toul), par Lasinio. Portrait-médaillon colorié. In-8.

135 **Jeand'heurs**. Prospectus abbatiæ (praesmontrasensis), par Nicolle. Rare plan à vol d'oiseau, iu-fol. en larg.

136 **Lorraine** (P. de), évêque de Verdun, employé au siège de Corbie, 1654, par Daret. In-4.

137 **Rossat** (J.), de Lyon, vicaire-général à Verdun (Meuse), par Desmaisons. Lith. in-fol.

138 **Le Tellier**, duc d'Estrées, gouverneur de Metz, Toul et Verdun, 1771 ; par Bligny. In-fol.

139 **Ardèche**. Vues d'Aubenas, Saint-Péray, Tournon, Rochemaure. Portraits de Cainon, Boissy-d'Anglas, P. Davity, gravé en 1637, par Picart, etc. Lot de 10 p.

140 **Chamessan**. Le chasteau de Famechon sur la rivière de Seine (vers 1600), par Chastillon. In-4 en larg.

141 **Millot** (de Dijon). Accoucheur de Marie-Antoinette. In-8.

142 **Neuchèze** (de), par La Roussière. — J. de Guyon, par Cœlemans, évêques de Chalon-sur-Saône. 2 p. in-fol. fat.

143 **Binet** (Ét.). Jésuite, de Dijon, par Michel Lasne, d'ap. Lebrun. In-4.

144 **Miel**, littérateur (de Châtillon-sur-Seine), par Quenedey. Rare portrait in-12,

145 **Bernard** de Clugny (dijonnais), conseiller d'État, par Romanet. In-4.

146 **Poissonnier** (P.), médecin dijonnais, gravé en 1774, par Benoist. In-4.

147 **Autun**. Vue prise de la rivière. — Restes de l'ancien théâtre, par Maillet. 2 pl. in-fol. en larg.

148 **De Castille** (H.), abbé de Saint-Martin d'Autun et de Sainte-Marie d'Auxerre, par Boulanger, gr. in-fol.

149 **Sept-Fons** (abbaye de), diocèse d'Autun. Vue anonyme du 18ᵉ siècle. In-4.

150 **Chalon-sur-Saône**. Vray portraict de la ville, 1573, par Rancurellus. Bois gravé, in-fol. en larg.

151 — Vues de Chalon-sur-Saône, par Masquelier. 3 pl. in-fol. en larg.

152 **Pelletier de Chambure** (de Villeaux), d'ap. Singry et Vernet. Lith. in-4.

153 **Mandrillon**, de Bourg-en-Bresse, conspirateur, guillotiné en 1794. Rare portrait-médaillon, manière noire. In-12.

154 **Chalandon** (de), évêque de Bellay (Ain). In-fol. sur Chine.

155 **Dornier**, de Bourg-en-Bresse, médecin, par Quenedey. In-8.

156 **Sens**. Porte N. D. avant sa destruction en 1814, dessin. — Cathédrale, par Chapuy. — De Rossel, etc. 10 p.

157 **Luynes** (A. de), cardinal, archevêque de Sens, par Patas. In-4.

158 **Grimoard de Grisac**, abbé de Saint-Germain d'Auxerre et de Saint-Victor de Marseille. Carré in-4.

159 **Bourdois**, médecin (de Joigny), chevalier de Saint-Michel, par Mecou. In-4.

160 **La Rochefoucault** (P. A. de), duc d'Estissac, par Patas. In-4.

161 **Chenard** (d'Auxerre), sociétaire de l'Opéra-Comique. Très-rare portrait in-4.

162 **Le Tellier** (F. C.), comte de Tonnerre, baron d'Ancy le Franc, par Patas. In-4.

163 **Faultrier** (d'Auxerre), intendant du Hainault, par Picart. In-8.

164 **Yonne**. — Cathédrale d'Auxerre, par Chapuy. — Marie. — Jacques Clément, etc. Lot de 12 p.

165 **Pauthier de Censay** (de Mamirolles — Doubs), littérateur, d'ap. Sigoux, lith. in-fol.

166 **Besançon**. — Plan à vol d'oiseau (16e siècle), avec armoiries et costumes. Double in-fol. en larg.

167 **Astorg** (Le Cté d'), franc-comtois (1820). Lith. anonyme, in-4.

168 **Loiseau**, jurisconsulte (de Frasnes — Franche Comté). Lith. Motte. In-fol. Rare.

169 **Briot**, chirurgien (d'Orchamps Franche-Comté) par Sigoux. Lith. in-fol.

170 **Marchant** (P. C.), médecin à Besançon, par Quenedey. In-12.

171 **Pétetin**, médecin (de Lons-le-Saulnier), docteur à Montpellier et Lyon. Portrait in-12, man. noire.

172 **Duras** (E. F. de), gouverneur de Besançon, par Patas. Portr. in-4.

173 **Pajol**, général de division (de Besançon), par Maurin. Lith. in-fol.

174 **Dole.** — Plan du siége. Juin 1637, avec légende explicative des campements. In-fol. en larg.

175 **Dauphiné.** — Abbaye de St. Pierre. — Château Bayard. — Voreppe. — Cénotaphe de Vienne. — Pont de bois de Grenoble, 1818, etc. Lot de 18 pl.

176 **Montélimart.** Vue prise au Sud, par Duret. In-fol. en larg.

177 **Périer** (Casimir). — Stendhal, de Grenoble. Portraits médaillons d'ap. David d'Angers. 2 p. in-4.

178 **Luc** (Petit et grand lac du) en Dauphine, par Le May. 2 pl. in-fol. en larg.

179 **Lesdiguières** (Fr. de), lieut. général en Dauphiné au 17ᵉ siècle. In-4. Belle épreuve.

180 **Valence,** vue prise du Rhône, par Née. In-fol. en larg.

181 **Dumoulin** (de Grenoble), conspirateur (1822). Lith. in-12.

182 **Veynes** (Ecusson de la maison De) en Daulphiné. In-fol.

183 **Clermont-Tonnerre** (G. de), commissaire des États du Dauphiné, faisant fonction de connétable, par Patas. In-4.

184 **Valence.** — Pendaison de La Motte-Gendrin. 1562. Estampe allemande du temps. In-4.

185 **Vizille,** maison de plaisance. Dessin du siècle dernier, à la plume. In-4.

186 **Du Coutaut,** vicaire-général de Vienne. In-12.

187 **Clermont** en Dauphiné. — Tour appartenant à M. le Comte de Tonnerre, par Silvestre. In-8, en larg.

188 **Tencin** (Guérin de), cardinal (dauphinois, archevêque d'Embrun) par Will, d'ap. Parrocel. Beau portr. gr. in-fol.

189 **Grenoble**. — Vues prises de l'Isère, par Amray et Née. 2 pl. in-fol.

190 — La Fontaine-qui-brûle, proche Grenoble. Dessin du 18e siècle, à la plume. In-4. — Écusson de MM. Beaudet et La Baume, conseillers au Parlement. In-fol.

191 **Rogniat** (vicomte) lieut. gén. (de St. Priest, Isère) Lith. Maurin. in-fol.

192 **Dauphiné**. — Cartes à jouer du 16e siècle, de la collection Vital de Beaurepaire (100 fac-simile de Pilinki). — Torrent de Bréda. — Vienne. — Lac du Luc, etc. Lot de 20 pl.

193 **Maulevrier** (Carte du marquisat de), appartenant à M. De Langeron, marquis, chevalier de St-Louis, avec le Cours de la Loire depuis le Bec-Serlain jusqu'au Saule Picard et l'abbaye Bénissons-Dieu. (Vers 1720). Très belle carte manuscrite avec écusson colori . Haut. 2 m., long. 2 m.

194 **Comtes colonel**, tué à Constantine (de Fleurs-Loire) Lith. in-fol.

195 **Lyon** - Plan de la ville en 1735, par Séraucourt, avec vues des monuments. Très grande pièce gravée. Belle épreuve.

196 **Jussieu** (A. de). Portr. in-4. av. la lettre.

Lyon, par Ringlin. 17e siècle. Vue panoramique allemande, coloriée. In-fol. en larg.

198 — Façade de l'Hôtel-de-ville, dédié à Mgr. de Villeroy, par De Poilly. A Lion, rue Mercière (1706), p. in-fol. — Avec la copie faite en 1721, par Houat. 2 pl. gr. in-fol.

199 — Plan par Inselin, d'après Delamonce (vers 1750). In-fol. en larg.

200 **Lyon** assiégé par l'armée de la République française l'an 1793. Punition des traîtres à la Patrie, par Ernaut. Image populaire gr. in-fol., coloriée.

GUYENNE, GASCOGNE, LANGUEDOC
PROVENCE

201. **Bourdeaux.** Bois gravé publié en Allemagne vers 1550. In-fol. en larg. Rare.

202 **Bordeaux.** Fronton de la place Royale, par Fessard. In-fol. en larg.

203 **Villeroy** (Guil. de). Abbé de Blasimont 1773, par Pujos. In-4.

204 **Rauzan** (de Bordeaux). Supérieur des missions en France, par Massoli. In-4.

205 **Rosa Bonheur** (de Bordeaux). Peintre, par Geoffroy. In-fol.

206 **Tulle.** Portail de la cathédrale, par Basset. In-fol.

207. **Joubert** (Laurent). Médecin, professeur à Montpellier, in-12. Bois gravé.

208 **Delacroix.** Administrateur du district de Montpellier en 1790, par Chrétien. In-fol.

209 **Colbert** (Ch.-J.). Évêque de Montpellier. In-fol.

210 **Lefevre** (J.). Médecin de Montpellier, âgé de 32 ans en 1624. In-12.

211 **Vieussens.** Anatomiste à Montpellier, par Leroy, d'ap. Poussin. In-4.

212 **Baudoin.** Traducteur-académicien (de Pradelles), par Huret. In-fol.

213 **Vieussens** (R. de). Anatomiste (du Rouergue), gravé à Toulouse par Coulet. In-4.

214 **Gardane** (J.). Médecin de Toulouse. Rare lith. av. lettre. In-4.

215 **Doujat** (J.). Légiste toulousain, par Habert. In-4.

216 **Calvel** (E.). Botaniste toulousain, par Quenedey. Rare portrait in-8.

217 **Nogaret de la Valette.** Archevêque de Tolose, par Daret. In-4.

218 **Loubaissin** (Fr.). De la Marque, romancier toulousain, 1637. Beau port. in-8.

219 **Armaing** (Germaine d'). Religieuse à Toulouse, (17° siècle). Rare, p. in-8.

220 **Martin** (L.). Médecin à Toulouse, 1649. In-4.

221 **Rabaut Saint-Etienne** (J.). Député de Nismes 1789, par Fiesinger. Beau port. médaillon, in-4.

222 **Nismes.** Vue du côté de la tour Magne, 1752, publiée à Londres, par Rocques, graveur du roi Georges. Double in-fol. en larg.

223 **Nismes.** Carte du diocèse (avec le plan de la ville et vue des monuments). Gr. in-fol. en larg.

224 **Montauban.** Siège de 1621 : mort du duc de Mayenne (17 septembre), aspect général de l'attaque et du camp royal. Estampe in-fol. en larg.

225 **Alby.** Écusson d'André de Matha, trésorier du Chapitre, par Nolin. In-fol.

226 **Senac.** Médecin célèbre de (Lombez-Gers). Portrait-médaillon anonyme. In-8.

227 **Rapin de Thoyras.** Né à Castres, gravé à Nuremberg, par Rosler. In-fol.

228 **Fabre d'Eglantine** (de Carcassonne), par Jones. Rare portrait édité à Londres le 27 septembre 1794. In-fol.

229 **Barbeyrae** (J.), Jurisconsulte de Béziers, mort à Groningue, par Petit. In-4.

230 **Cardonnel** (De). Président à Alby, lith. Sudié, 1826. Rare, portr. in-fol.

231 **Alibert**. Médecin (de Villefranche-Aveyron). Lith. Vilain. In-fol.

232 **Roussel**. Médecin (d'Aps près Foix), par Lacour. In-fol.

233 **Ravignau** (De). Jésuite célèbre, de Bayonne. Lith. in-fol.

234 **Bernadotte**. Portrait en pied, manière noire, av. lettre. Gr. in-fol.

235 **La Broue** (De). Évêque de Mirepoix, par Duflos. In-12.

236 **Charpentier** (H.). Grand-vicaire de Lescar, fondateur de Bétharan en Béarn. In-4.

237 **Delamotte** (de Pau). Capitaine (1822). Lith. in-12.

238 **Lacaze**. Chirurgien-major de la compagnie des Suisses en 1790 (Béarnais), par Quenedey. Rare, portrait in-12.

239 **Antibes**. Débarquement de Napoléon à la baye de Juan, 28 février 1815, par Reinhold. Rare, estampe allemande contemporaine. Gr. in-fol. en couleur.

240 **Beaucaire**. Vue de la foire avec partie de Tarascon, par Chereau. Image populaire, in-fol. coloriée.

241 **Reyre**, jésuite provençal, 1812. Lith. in-12.

242 **Boyer** (P.), musicien de Tarascon, par Quenedey. Rare, portrait in-12.

243 **Fabre** (P.), chirurgien de Tarascon, par Boizot. Rare; p. in-8.

244 **Audin-Rouvière** (J. M.), médecin de Carpentras, par Quenedey. In-12.

245 **Pont-Saint-Esprit** (Le), vue à vol d'oiseau, avec plans d'Orange, If et Avignon. In-fol. en larg.

246 **Grignan** (A. de), archevêque d'Arles, par Poilly. Beau portr. av. la lettre, in-fol.

247 **Marseille.** Plan à vol d'oiseau (16e siècle), avec costumes et légende explicative à l'angle gauche supérieur. Double in-fol.

248 **Bastide**, littérateur (de Marseille), par Cagnoni. In-8.

249 **Marseille.** Vue panoramique, gravée à Amsterdam, par Wischer. Double in-fol. en larg.

250 **Thomassin** (L. de), oratorien (d'Aix), par Colemans. In-fol.

251 **Gibert** (B.), d'Aix, littérateur, par Féhrt. In-4.

252 **Toulon.** Plan manuscrit, colorié, du fort de La Malgue, avec parties mobiles et légendes, exécuté au moment de sa construction. Dessin p. in-fol. en larg.

253 **Toulon.** Port et arsenal, par Fessard. In-8 en larg.

254 **Gautier de Bréey** (livra Toulon aux Anglais en 1793, et fut créé vicomte par Charles X). Rare, lith. in-fol.

255 **Moréri**, biographe (de Bargemont près Fréjus), par Thomassin. In-fol.

256 **Danès** (J.), évêque de Toulon, 1662, par Lenfant. Petit in-4.

257 **Saint-Remy** en Provence. — Vue des deux monuments antiques, 1777, par Lamy. In-fol. en larg.

258 **Nogent-Saint-Laurens** (d'Orange), par Pottin. Lith. in-4.

259 **Jessé** (de), baron, opposé à la réunion d'Avignon, à la France, mort prisonnier à Moulins en 1793, par Quenedey. Rare portrait in-12.

260 **Albignac** (D'), commissaire du gouvernement pour la réunion du Comtat. In-8 avant lettre.

261 **Fliscus** (Laurent), cardinal, archev. d'Avignon, par Kolb. In-fol. armorié.

262 **Avignon.** Plan à vol d'oiseau, avec légende (45) au bas, à droite, (17e siècle), in-fol., plano

---

PICARDIE, FLANDRES, ARTOIS, VERMANDOIS
CHAMPAGNE

263 **Abbeville.** Maisons de pécheurs, par Le Vasseur, 1770, p. in-fol. en larg.

264 **Labre** (Benoît), Allégorie sur les guérisons miraculeuses de saint Nicolas et Siffer, chanoine à Abbeville, 1784, par Tardieu. Curieuse est. In-4.

265 **Baudelocque**, médecin, 1790 d'Heilly (Somme). In-4.

266 **Coligny** (Gaspar III de), combattant à Corbie. Yvoy, etc., par Daret. In-4.

267 **Corbie.** Plan du siège en 1637, avec indication des quartiers français. Double in-fol. en larg.

268 **Barbier** (J.-B.-G.), professeur de botanique à Amiens, par Quenedey. Rare, portrait in-12.

269 **Berville**, magistrat d'Amiens, 1827. Rare, lith. in-4.

270 — Le roi Georges sautant sur le traité d'Amiens, caricature coloriée. In-4.

271 **Rambures** (De), gouverneur de Doullens, par Moncornet. In-4.

272 **De La Motte**, évêque d'Amiens, gravé d'après l'esquisse de Lesueur qui est au cabinet de M. Roussel, chanoine, par Bourgeois. Petit in-4.

273 **Acloque** (baron) de Saint-André, d'Amiens, 1824. Lith. in-4.

274 **Arras**. Carte du pays de Lalève. — Palissot de Beauvois. — Robespierre, médaillon de David d'Angers. — Fréchon-Marie-Thérèse à Arras, etc. 7 p.

275 — Représentation de la croix plantée sur les remparts d'Arras, par Poilly. In-12.

276 — Vue à vol d'oiseau par J. de Witt, gr. in-fol. en larg.

277 **Arras**, Plan à vol d'oiseau, par de Witt, gr. in fol. plano. Belle épreuve.

278 **Robespierre** jeune, par Chabrillac. Rare lith. in-fol.

279 **Jussac** (E. de), gouverneur d'Arras, par Montcornet. In-4.

280 **Boulogne**. Vue du port et rade, prise au moment du départ de la flottille, 16 août 1803, par Baugean, Bacquoy et Couché. — 2 estampes différentes, gr. in-fol. en larg.

281 **Blanchet** littérateur (d'Angerville), chanoine de Boulogne-sur-Mer. Portr. anglais, in-8.

282 — Vues diverses de Boulogne, par Martens, Salathé, Asselineau, Garneray. — Carte des environs de Boulogne et Ambleteuse en 1744, 9 pl.

283 **Calais**. Siège et reddition de la ville au roy d'Angleterre. Mondhare, gr. in-fol. en larg.

284 **Hazebrouck**. Plan à vol d'oiseau, par de Plouich. In-4 en larg.

285 **Hesdin** (Plan à vol d'oiseau de), par De Witt. — Plan (1712), par Devel. — 2 pièces in-fol. en larg.

286 **Le Tenneur** (Écusson de B.), trésorier en Picardie et Boulenois, par Nolin. In-fol.

287 **Douai**. Plan manuscrit allemand, colorié, des attaques 1710. Gr. in-fol. en haut.

288 **Dumouriez** (de), commandant l'armée du Nord, 1792, par Chrétien. Rare, portrait-médaillon, in-12.

289 **Baptiste**, domestique, et son maître Dumouriez (1792). Rares portraits en vis-à-vis, dans un médaillon ovale, manière noire. In-12.

290 **Jumilhac** (Mis de), commandant la 16e division militaire (Douai). Lith. de l'École d'artillerie de Douai (1822). In-fol.

291 **Cambrai**. Plan de Cambrai (1677-1710), publiés par Mortier et Frick. — Carte du canal de navigation du Cambrésis (1786), par Richard. — 3 pièces gr. in-fol. en larg.

292 — Maison de ville. — Abbaye de Saint-Sépulcre. — Plan à vol d'oiseau. — Cambrai incendié par Louis XIV en 1677. — 5 pièces in-4.

293 **Fénelon**, archevêque, duc de Cambrai, gravé par Audran, 1714, gr. in-fol. Très belle épreuve à toutes marges.

294 **Cambrai**. Levée du siège de Cambrai en 1581, par Suyken. In-fol. en larg. Épreuve avant la lettre.

595 — Plans, coupes, profils et élévations des portes de Cambray (18ᵉ siècle). Dessin colorié gr. in-fol. en larg. avec 11 pièces mobiles de détails et changements. Belle pièce historique.

296 — Subactum Cameracum (Allégorie sur la prise de la ville par Louis XIV), avec encadrements emblématiques). In-fol.

297 **Dunkerque**. Plans de la ville et des environs, à diverses époques, gravés en 1765, par Oger. 9 pièces gr. in-fol. en larg.

298 — Vues de Dunkerque (17ᵉ siècle) et plans de Mardick. 5 pièces in-4 et in-fol.

299 — Vues panoramique septentrionale et méridionale de Dunkerque (17ᵉ siècle), 2 pl. gr. in-fol. en larg. belles épreuves.

300 — Carte des environs de Dunkerque, levée en 1743, relative aux différents cantons de chasses, par Carpilhet. Grand plan manuscrit en larg. colorié.

301 Plan, vue de Dunkerque et des forts, par De Witt. Gr. in-fol. en larg.

302 **Dunkerque** (Vues des premières écluses faites à), plan par Strem, par Friex (1733), plan manuscrit du territoire de Dunkerque, — plan colorié du siège de 1794, etc. 7 p. in-folio.

303 **Bouvines** (Episodes de la Bataille de), par Patas et Vidal. 2 pl. in-fol. en larg.

304 **Nord**. Plan de Lille et de Furnes (18ᵉ siècle), manuscrit in-fol. — Chanoinesse de Denain. — Plans de Gravelines, Condé. — Merlin de Douai, Desbordes Valmore, médaillon de David d'Angers, etc. Lot de 75 pièces.

305 **Lille.** Plan à vol d'oiseau (16° siècle) avec costumes. et 20 numéros de légendes à gauche de la planche. In-fol. en larg.

306 — Gosselin de Lille. Plans de Béthune et Saint-Omer. 18° siècle, etc. 7 pl.

307 **Bréard** (Lillois) conspirateur (1822). Lithog. in-12.

308 — Plans hollandais et allemands de Lille, 1794. 4 p. in-fol. coloriée.

309 — Plan de la porte des Malades, faite lorsque Louis XIV fit son entrée. Dessin colorié (18° siècle). Gr. in-fol. en haut. avec trois pièces mobiles pour les changements projetés. Curieux document historique.

310 **Lille**, plan du XVI° siècle, à vol d'oiseau, colorié, avec costumes. In-fol. en larg.

311 **Rohan** (Ch. de), prince de Soubise, gouv. de Lille, par Patas. In-4.

312 **Duhem**, médecin, député de Lille, par Quenedey. Rare portrait, in-12.

313 **Nord** (département du). Château de Plajon, 17° siècle. In-4.

314 **Bergues**. Saint-Winox. Plan à vol d'oiseau, vue cavalière de l'abbaye, par de La Fontaine. Carte du territoire, par Creite. 3 pl. in-fol. en largeur.

315 **Cassel** (Nord), vue à vol d'oiseau, avec écussons armoriés (17° siècle). Gr. in-fol, plano. Belle épreuve.

316 **Cassel**. Vue, plan panoramique (17° siècle), par Blokuysen. Gr. in-fol. en larg.

317 **Vandamme**, général de division (de Cassel, Nord), fait prisonnier à Kulm. Rare estampe allemande, coloriée, gr. in-fol. en larg.

318 **Armentières**. Plan à vol d'oiseau, par De Witt. In-fol. en larg.

319 **Modevick** (de Bergues Saint-Vinox), adjudant, conspirateur (1822). Lithog. in-12.

320 **Le Quesnoy** (Nord). Plan manuscrit colorié de la ville et des fortifications (vers 1710), avec légendes. Grande pièce format jésus plano.

321 **Maubeuge**. Plan manuscrit colorié de la ville avec légende. Double in-fol. plano.

322 **Létombe**, consul de France, né à Nord-Libre, par Chrétien. Portrait-médaillon in-12.

323 **Bailleul**. Vue, plan à vol d'oiseau, carte de la Chatellerie, par De Witt. In-fol. en larg.

324 **Saint-Omer**. Plan à vol d'oiseau, par De Witt. Gr. in-fol.

325 **Bourbourg**, vue panoramique avec armoiries. Plan à vol d'oiseau, par Lokuyse. 2 p. in-fol.

326 **Gravelines**. Plans et vues à vol d'oiseau des 17e et 18e siècles. 6 pièces in-4.

327 **Oudenarde**. Assaut de la ville en 1581. Estampe du temps ; in-fol. en larg.

328 **Béthune**. Vue panoramique, par Vanden Gracht. In-fol. en larg.

329 **Ardres**. Vue du côté de Calais, par Baudoin, d'ap. Vander-Meulen. Estampe double in-fol. en larg.

330 **Valenciennes**. Plan à vol d'oiseau (16e siècle), avec costumes. Double in-fol. colorié.

331 **Valencière**, enlevée d'assaut le 17 mars 1677, par Jollain. Vue avec plan, double in-fol. en larg.

332 **Valenciennes**. Plans de la ville, 1709. — Abel de Pujol, médaillon par David d'Angers, Froissard, 2 p. coloriés d'après les miniatures, 5 p.

333 **Valentiana**, jolie vue à vol d'oiseau, (16ᵉ siècle).
Double in-fol. en larg.

334 **Valenciennes**. Plan manuscrit colorié, avec renvoy (vers 1710). In-fol. plano.

335 **Entrée de l'armée royaliste étrangère**,
1ᵉʳ août 1793. Rare gravure allemande in-fol. en larg.

336 — Sainte-Beuve, portrait médaillon de David d'Angers. Costumes des Boulonnais (8 pl.) Camp d'Ambleteuse. Labre, de Sangins curé de Calais, etc. Lot de 24 p.

337 **Oise**. Vues de Clermont, Montataire, Pierrefonds, Verneuil, Montepiloy, Liancourt, Beauvais, etc. Cloqueteux de Beauvais et vues diverses. Lot de 25 pl. lith. et gravées.

338 **Odet de Coligny**, évêque de Beauvais, port. in-4.

339 — Creil, par Ducerceau et divers. Compiègne, Napoléon dans la forêt, chasse, etc. Lot de 10 pl.

340 **Noblet**, physicien de Pimbré (Oise), 1771, par Molès. d'ap. De la Tour. in-4.

341 — Jeanne Hachette défendant Beauvais, par Avril. In-fol. en larg.

342 **Villiers de l'Isle-Adam** (né à Beauvais), grand maître de l'ordre de Malte, par Sergent. Beau portrait in-4, en coul.

343 — Clermont, Noyon, Senlis. — Crespy en Valois. — Commanderie du temple à Crespy. — Ruines de l'église Saint-Thomas, etc. Lot de 25 planches.

344 **Héricart**, botaniste, dit de Thury (Oise), d'après Maurin. Lith. in-fol.

345 **Beaumont-sur-Oyse** (Ecusson de De Thumeynes, avocat à). In-fol.

346 **Delamarre** (de Mello), député de l'Oise à la Convention. Rare portrait anonyme in-12, en manière noire.

347 — Liancourt, Chaumont, Verneuil, Clairroy, Monté-
  piloy, etc. Lot de 20 planches.

348 **Lecat**, chirurgien célèbre (de Blérancourt), par
  Henriquez, 1772. In-fol.

349 **Oise**. Vues de Creil (xvie et xviiie siècles). — Vues
  de Crespy en Valois, de Beauvais, Clermont, etc.
  Lot de 20 planches.

350 **Gouy**, maréchal de camp, chargé en 1791 du
  rétablissement de l'ordre à Noyon (Oise), guillotiné
  en 1794, par Quenedey. Rare portrait in-12.

351 **Nollet**, physicien célèbre (de Pimpré-Oise), par
  Ingouf. In-4.

352 — Ermenonville, Senlis, Noyon, Chamant, etc. Lot
  de 20 pièces.

353 **Humières** (M. de), gouverneur de Lille et de Compiègne, par Lubin, 1688. Grand in-fol.

354 **Villers-Cotrez**. Veue et perspective du château,
  par Poilly et Perelle. In-fol. en larg.

355 **Calon** (E. de), député de l'Oise à l'Assemblée légis-
  lative, 1792, par Quenedey. Très rare, portrait
  in-12.

356 **Liancourt**. Entrée du château, par Poilly. In-4
  en larg.

357 **Compiègne**. Vue du château, avant la lettre. —
  Napoléon dans la forêt. — Belvédère. — Chasse au cerf.
  — Mariage de Louise d'Orléans. — Projets divers,
  etc. 13 pièces.

358 **Aisne**. Bataille de Craonne, avant la lettre. — Cos-
  tume de Fouquier. Tinville et de l'évêque de Laon,
  Saint-Albin. — Vues de Laon, Saint-Quentin, etc.
  Lot de 20 planches.

359 **Bosc-d'Antic** (directeur de la manufacture de Saint-Gobain). In-4.

360 — Ecusson emblématique de J. P. Bignon, abbé de Saint-Quentin, inventé et gravé par Roethiers. In-4 en larg.

361 **Saint-Marceaux** (De), maire de Limé (Aisne). Lith. in-4.

362 **Coucy** (Souvenir de), par de Lépinois, 1834. Grand in-fol. av. 15 planches.

363 **Massieu** (de Saint-Quentin, Aisne), capitaine de vaisseau, 1821. Lith. anonyme in-4.

364 **Grandin** (de Saint-Quentin), par Duflos. In-4.

365 **Merlieu** (Aisne). Perspective du pays, château et parc, par Debusc, 1805. Dessin in-fol. en larg.

366 **Payen**, abbé du Mont-Saint-Martin (Aisne), par Montcornet. In-8.

367 **Soissons**. Ecusson de L. de Lesseville, abbé de Saint-Crépin. In-fol. — Armoiries de L. Drouyn, trésorier de France, en 1643. In-fol.

368 **Champfleury** (de Laon). Lith. Gautier, d'après Courbet. In-fol.

369 **Pipelet** (Cl.), médecin (de Coucy), par Quenédey. In-12.

370 **Brancas** (De), colonel de la Légion départementale de l'Aisne, 1818. Lith. Noël, d'après Bouillard. In-fol.

371 **Deslaires** (Ch.), seigneur de Gernicourt (Aisne), chevalier de la Sainte-Ampoule, par Patas. In-4.

372 **Moizy-le-Temple** (Ecusson du Bailly de Souvré, commandeur de). Aisne, par Nolin. In-fol.

373 **Languile**, de Saint-Quentin, par Carjat, 1856. Rare lith., charge in-fol.

374 **Bourlon**, évêque de Soissons, gravé en 1656, par Michel Lasne. Epreuve avant la lettre. In-fol.

375 **Montrabeuf** (Ardennais), inspecteur des régies du roi, par Quenedey. Rare portrait in-12.

376 **Turenne**, frappé à mort, par Luyken. Rare. Estampe allemande in-fol. en larg.

377 **Tugny**, château situé au duché de Retellois avec le paysage, par Chastillon. In-fol. en larg. Belle épreuve d'une estampe rare, gravée vers 1600, donnant au second plan la vue du cours de l'Aisne et de Rethel, avec son paysage voisin.

378 **Lespagnol de Bézannes** (Marie), religieuse à Reims. Lith. Chamouin, in-fol. sur Chine.

379 **Ponte d'Albaret**, grand-vicaire de Chalons-sur-Marne, etc., par Quenedey. Rare. Portrait in-12.

380 **Asfeld** (Le maréchal comte d'), ordonnant l'assaut de Philisbourg. Par Basset. Image populaire, coloriée, in-fol.

381 **Mézières**. Vue de la route de Flandre, par Savart. Avec l'eau-forte, 2 planches in-fol.

382 **Charleville**. Vue de la route de Flandre, par Savart. 2 planches, in-fol., avant et avec la lettre.

383 **Reims**. Tombeau de Saint-Remi. — Dalles du XIIIe siècle, par Maquart. Grand in-fol. Figures.

384 **La Motte** (Haute-Marne). Vue allemande à vol d'oiseau (XVIIe siècle), in-fol. — Plan du siège en 1645. Grand in-fol.

385 **Maugras** (J. B.), professeur au Lycée Louis-le-Grand (de Fresnes, Haute-Marne), par Quenedey. In-12.

386 **Simon**, littérateur (de Troyes), par Quenedey, avec un quatrain de Regnault Beaucaron. In-12.

387 **Brienne**. Bataille du 1ᵉʳ février 1814, publiée à
Vienne par Artarin. Grand in-fol. Rare, estampe
coloriée, présentant l'attaque du château. — Image
populaire allemande coloriée, etc. 3 planches.

PROVINCES DIVERSES

388 **Abel** Bedævs Andegavensis, minister evangelii,
1598. Rare. Portrait in-8.

389 **Pineau**, jurisconsulte (d'Angers), 1644, par
Ertinger. In-fol.

390 **Bruneau**, faux-dauphin (de Vézins, Maine-et-L.),
1818. Lith. à l'audience. 2 pièces in-fol.

391 **Falloux** (De), Angevin, ancien ministre, d'ap. Bary.
Lith. in-fol.

392 **Contades** (L. G. de), gouverneur de Beaufort-en-
Anjou, commandant en Alsace, par Patas. In-4.

393 **Minard** (A.), né en Bourbonnois, chancelier de
Marie Stuart, assassiné à Paris en 1559, par Montcornet. In-4.

394 **Potier** de Gesvres, évêque de Bourges, par Kolb.
In-fol. armorié.

395 **Nevers**. Plan du xviᵉ siècle, à vol d'oiseau. In-fol.
en haut.

396 **Tours**. Ville capitale, par Aveline. In-fol. en larg.

397 **Marmoustiers**. Ecusson de Ch. de Bourbon, abbé.
In-fol.

398 **Choiseul** (Ct. Fr., duc de), gouverneur de Touraine,
par Benoît. In-fol.

399 **Alés** (Le comte d'), Tourangeau, officier général.
Beau dessin du xviiiᵉ siècle. Grand in-fol.

400 **Chinon**. Veue de la ville et du chasteau (1772). In-fol. en larg.

401 **Marmontel** (Limousin), par Dupin, d'après Cochin. In-4.

402 **Limousin**. Costume. — Jourdan, médaillon par David d'Angers et divers. — Ballange, député. — Château de Saint-Priest, etc. 9 pièces.

403 **Rencontre** des armées catholiques et protestantes à La Roche-en-Lymosin, le 25 juin 1569. Estampe du temps. In-4 en larg.

404 **Muret** (Ant.), Limosin, âgé de 47 ans, par Cort. Portr. In-8.

405 **Quercy**. Vues de Cahors et de Figeac. — Portraits de Murat, Ambert, Treneuil, etc. Lot de 10 pièces.

406 **Bessières** (de Pressac-Lot), maréchal de France, par Charon. Grand in-fol.

407 **Auvergne**. Vues du Puy, Thiers, Issoire, Pontgibaud, Aurillac, Clermont, Saint-Mard, Royat, etc. Lot de 28 pièces, dont plusieurs sur Chine.

408 **Le Puy**. Vues prises sur le chemin de Tolliac et d'Auvergne, par Née. 2 planches in-fol. en larg.

409 **Ruzé d'Effiat**, gouverneur de la Haute et Basse-Auvergne, par Montcornet. In-4.

410 **Polignac** (De), cardinal, par Daulé. In-8.

411 **Beaulieu** (C.), journaliste (de Riom), par Quenedey. Rare. Portrait in-12.

412 **Pradt** (J. de), évêque de Poitiers (d'Allenches-Puy de Dôme), par Quenedey. In-12.

413 **Auvergne** (Rencontre des papistes et des calvinistes à Congnac en), le 6 janvier 1568. Estampe du temps, in-4 en larg.

414 — Delille, portraits du xviiie siècle, avant la lettre. — Bruguière, De Douhet, Baudet, Delzons, etc. 12 portr.

415 — Desaix, portraits et monuments. — De Pradt, Morangiés, etc. 12 portr.

416 **Belloy** (De), littérateur, par Frich. In-8.

417 **Lafayette**, par Charon. Portrait en pied, manière noire. Grand in-fol.

418 **Saintonge**. Plans de La Rochelle et de Rochefort (xviiie siècle). — Portraits de Baroche, Deveaux, de Villecourt, Eschasseriaux, Vanderbourg, etc. Lot de 16 pièces.

419 **Fleuriau de Bellevue**, géologue rochelais. Lith. in-4 sur Chine.

420 **La Rochelle**. Entrée du port. In-fol. en larg., manière noire.

421 **Poiloup**, chanoine de La Rochelle. Lith. Belliard. In-fol.

422 **Chabot** (Guy de), seigneur de Jarnac, combattant La Châteigneraye, par Schley. In-4.

423 **Montalembert** (Marquis de), auteur des fortifications des îles d'Aix et d'Oléron, par Chrétien. In-12.

424 **Bassompierre** (F. de), commandant à Saint-Jean, d'Angély, île de Rhé et Royan en 1621, par Daret. In-4.

425 **Saintonge** (Carte du pays de), par Hondius. In-fol. en larg.

VARIÉTÉS

426 **Malesherbes**, (J.-B. Rousseau), Pope, Louis XIV, Fléchier, La Bruyère, D'Alembert, Pascal, Diderot. Lot de 9 p.

427 **Bazard** (C. F.) maréchal de camp. Portrait-médaillon, in-12.

428 **Bouchet** (L. de) marquis de Sourches et de Montsaureau, par Patas. In-4.

429 **Bryon**. (Le marquis de), 1635. In-12.

430 **Canisy** (Manche). Armoiries du marquis P. de Canisy, par Nolin. In-fol.

431 **Charles I**ᵉʳ, roi de Sicile, par Duflos. In-4.

432 **Charles II**, roi de Naples, par Duflos. In-4.

433 **Chateaugiron** (M. De), bibliophile célèbre, par Quenedey. Rare, portrait in-12.

434 **De La Haye**, roi d'Armes depuis 1760. Portrait-médaillon in-12.

435 **Duguet** (C. D.) préfet apostolique de St-Domingue, par Chrétien. In-12.

436 **Dupuch**, maréchal de camp à la Révolution. Portrait-médaillon in-12.

437 **Du Suau** (Cte) de La Croix, officier, par Chrétien. Portr. in-12.

438 **Ecquevilly** (Hennequin d'), général royaliste, par Quenedey. Portrait in-12.

439 **Férino**, lieut.-colonel de la légion de Biron. 1792, par Chrétien. Portr. in-12.

440 **Fermanel** (Rouennais), direct. des Missions, par Habert. In-4.

441 **François** de Borgia, par Lenfant. In-12.

442 **Henri V**, roi de France, costume du Sacre. Portrait anonyme in-4. Belle épreuve, avec marges d'un rare portrait, publié clandestinement et répandu en Vendée en 1832.

443 **Jeaurat**, peintre par Lempereur, p. in-fol.

444 **Lauriston**, prisonnier à Leipzig. 19 octobre, 1813. Rare, estampe allemande coloriée, gr. in-fol.

445 **La Villeheurnois** (Berthelot de), conspirateur royaliste, mort à Cayenne en 1797, par Quenedey. Rare, portrait in-12.

446 **Lefèvre** (Nic.), conseiller du Roi (précepteur du prince de Condé). 1612. Petit in-4.

447 **Louis XVI** (Apothéose de), Eau-forte de Duplessis-Bertaux. Belle épreuve d'essai, avec marges. In-4.

448 **Louis XVII**. Joli portrait-médaillon, publié le 25 juillet 1795, à Londres. In-4.

449 **Montmorin** (Pauline de) tombeau, élevé par Chateaubriand. 1805. In-fol.

450 **Narbonne** (Madame de), née de Montholon, par Quenedey. Rare portrait in-12.

451 **Oligny** (C B. d'), officier, par Quenedey. In-12.

452 **Pécour**, compositeur des ballets et maître à danser (de la Cour), par Chéreau, gr. in-fol. Belle épreuve.

453 **Pougens** (Ch. de), fils naturel du prince de Conti, par Quenedey. Rare, portrait in-12.

454 **Saint-Aignan** (A. T. de), magistrat. Portrait-médaillon, in-12.

455 **Sorel** (Ch.) de Souvigny, par Lasne. In-4.

456 **Varambon** (le marquis de), par Quenedey. In-12.

457 **Zamet** (Projets de tombeau de), d'ap. Lenoir. 2 pl. gr. in-fol. fac-simile.

458 **Alger**. Vue panoramique par A. S. 1541. — Alger avec le nouveau château 1569. — 2 pl. gr. in-fol.

459 **Bouglainval** Figuration et dessin de l'autel accepté par le conseil de la commune. An XII. Dessin original de Guitard. In-fol. en haut.

460 **Aliamet**. Pàw-Fi, envoyé par l'empereur de la Chine, surprend mille familles. 1755. — Combat du 1er septembre 1759, défaite de Hot-Chem. 2 pl. in-fol. en larg. belles épreuves.

461 **Beauvarlet**. — La chaste Suzanne, d'ap. Vien. In-fol. en larg.

462 — Zéphire et Flore, d'ap. Galoche. Gr. in-fol. en larg. Belle épreuve.

463 — Louis, dauphin de France. In-8.

464 — Sage (B. J.), fondateur de l'Ecole des Mines, In-4.

465 **Caffieri**. — Portrait de J. Causeur, centenaire, peint à Brest en 1771 par Caffieri. In-4.

466 **Daullé**. Fête bachique d'ap. Le Nain. Gr. in-fol. en larg.

467 — Louis XV, portrait-médaillon pour dédicace, d'après Coypel, avec attributs par Audran. In-4 en larg.

468 — Agnesseau (D'), chancelier, gravé en 1761. In-4.

469 — Louis, duc d'Orléans. In-8.

470 — Salm (F. de), évêque de Tournay, 1743. Petit in-fol.

471 — Portrait de la galerie de Dresde, d'après Rubens. 1757. — A. Vandeik — F. Sirena — Astruc. — 4 p. in-4.

472 **De Galard**. Type populaire, marchand de mort aux rats. Lith. in-fol.

473 **Desplaces**. Jupiter et Léda, d'après Véronèse. In-fol. Belle ép.

474 **Duflos**. Retour du milicien, d'après Le Barbier. Gr. double in-fol. en larg. à toutes marges. Belle épreuve.

375 — Titre du Dictionnaire de Moréri. — Descente de croix. — Jupiter et Sémélé. 3 p. in-fol.

475 bis — Costumes religieux. 17 pl. in-4.

476 — Portraits de Boileau, Chaulieu, Corneille, Cré-
billon, Des Houlières, Fontenelle, La Vigne, Lafon-
taine, Malherbe, Marguerite de Valois, Marot,
Molière, Perrault, Racine, Regnard, Rousseau, par
Duflos. 16 portraits in-8.

477 **Fragonard**. La bonne Mère, par Delaunay. Double
gr. in-fol. en haut. Belle épreuve av. marges.

478 **Lasne** (Michel). La Magdeleine. — Sainte Marie
Égyptienne. 2 p. in-4.

479 — Louis IX. — Henri IV et Louis XIII, titre
emblématique. 1624. In-fol.

480 **Le Nain**. Le Vieillard complaisant, par Saint-Mau-
rice. In-fol. en larg. Belle épreuve.

481 — L'École champêtre, gravé par Daullé. Gr. in-fol.
en larg. Belle épreuve.

482 **Le Vasseur**. Transport des filles de joye à l'hôpi-
tal., d'ap. Jeaurat. Gr. in-fol. en larg., marges.

483 — Carnaval des rues de Paris, d'ap. Jeaurat. Double in-fol. en larg., marges.

484 — Les Plaisirs des Satyres, 1772, d'ap. Polemburg.
Gr. d. in-fol. en larg.

485 **Marcy** (Gaspar), sculpteur de Cambrai. — Vénus,
l'Amour, Tritons, Latone; le Point du Jour, l'Afri-
que, allégories et statues des jardins de Versailles,
gravées par Lepotre, 1676. — 6 pl. gr. in-fol. Belles
épreuves.

486 **Mellan**. La famille du Christ, 1648. In-fol.

487 — Perraut, président de la Chambres des Comptes,
gravé en 1652, par Mellan. Portr. in-fol.

488 **L'Enfant Jésus**. 1662. In-fol.

489 **Miger.** Ruines d'un édifice près le temple de Neptune. In-fol.

490 **Moreau**. Le Bal masqué, fête donnée au Roi et à la Reine, le 23 janvier 1782, pour la naissance du Dauphin. Gr. double in-fol. en haut. Belle épreuve.

491 **Poilly**. La fille du Soudan invoquant la Vierge, d'après Stella. In-4.

492 — Représentation de la croix miraculeuse plantée sur le rempart d'Arras, — Mater modestissima. — La Vierge en prière. 3 pl. in-fol.

493 Écusson royal, d'ap. Hallé. — Titre d'un nouveau Livre d'autel de Bolivar. — La Vérité, par Hecquet, etc. 5 p.

494 — Joseph offrant une tulipe à l'enfant Jésus, d'ap. Stella. Grand in-fol. en larg.

495 — Les Appas de Chloris, d'ap. Raoux. In-fol.

496 — Mariage de Sainte-Catherine, d'ap. Maratte. In-fol.

497 — Atlas portant le Monde. In-fol.

478 — Les Anges offrant des fleurs au Christ enfant. Gr. in-fol. en larg.

499 — Vierge à la rose d'après Stella. In-fol.

500 — La Descente du Saint-Esprit, d'après Lebrun. Gr. in-fol. Belle épreuve à toutes marges.

501 — Saint-Philippe de Néri ; sainte Marguerite, par Poilly. 2 pl. in-12.

502 — La Religion d'ap. Dumont. — Emblème sur la Paix, gravé à Rome d'ap. Romanell. 2 pièces in-fol.

503 — Icones et segmenta illustrium marmore tabularum quæ Romæ ad huc extant et Fr. Perrier deline ata. Chez de Poilly, à l'image Saint-Benoist, 1645. Album in-fol. mouil. de 50 pl., titre doublé, cartonné. Rare.

504 — Sainte Famille, d'ap. Le Poussin. — Charité, d'ap. le Dominiquain, etc. 3 pl. gr. in-fol. fat.

505 — Costumes religieux. 80 pl. in-4.

506 — Sacrements de l'Ordre et de l'Extrême-Onction, par L. de Chastillon et de Poilly. 2 pl. gr. in-fol. fat.

507 **Vaillant**. Homma (L.), ministre d'Amsterdam, par Vaillant. Beau portr., manière noire. In-fol.

508 — Wander Hagen (P.), ministre, m. en 1671, à Amsterdam, par Vaillant. Beau portr., manière noire. In-fol.

509 — Valckenier, bourgmestre d'Amsterdam, 1674. Gr. in-fol.

510 — Buytendick, ministre du Verbe de Dieu. In-fol.

511 **Voyez l'aîné**. Saint Grégoire fait des prières publiques, d'ap. Vanloo. Gr. in-4.

512 **Wille**. Iselin. Joli portrait dessiné par Wille en 1789, dans un étui. In-4.

513 **Costumes turcs** du xviiᵉ siècle, par La Chapelle. — Caprices, Animaux, etc.

514 — Lots de Gravures du Musée de Versailles, tirées sur Chine, et divers. Environ dix lots

515 **Invitation** à diner, 17... Jolie pièce gravée. — Invitations de 1811-1839. 3 pl. in-4.

516 **Souper du Roy**. Menu du 4 janvier 1757. Pièce manuscrite in-fol. avec encadrement dessiné et colorié.

517 **Tableau** de Paris. Etrennes aux beautés parisiennes, 1789. In-18, mar. r., orné d'un joli frontispice et de 12 gravures en couleurs.

Vᵉ Renou, Maulde et Cock, imprˢ de la Compagnie des Commissaires-Priseurs rue de Rivoli, 144.